NOTICE HISTORIQUE

SUR

M. LE COMTE DE MONTVALON,

PAR M. MOUAN,

Secrétaire-perpétuel de l'Académie des Sciences, Agriculture, Arts et Belles-Lettres, d'Aix.

LUE DANS LA SÉANCE PUBLIQUE ANNUELLE DU 20 JUIN 1846.

AIX,

IMPRIMERIE DE Veuve TAVERNIER, RUE DU COLLÉGE, 20.

1846.

NOTICE HISTORIQUE

sur

M. LE COMTE DE MONTVALON.

Messieurs,

Les sciences agricoles ont toujours été le principal objet des travaux de notre Académie. Dans tous les temps elle a compté parmi ses membres, des hommes spéciaux, entièrement voués à la pratique d'un art qu'enrichissent chaque jour de nouvelles découvertes et auquel se rattache éminemment la prospérité du pays.

M. le comte de Montvalon, un de nos membres fondateurs et dont nous déplorons tous la perte récente, avait su marquer sa place au premier rang entre ces adeptes des connaissances agronomiques. Il appartenait à cette classe de riches propriétaires qui ne se bornant point à de pures spéculations théoriques s'efforcent d'étendre le domaine de la science, par des soins assidus, par une application intelligente de leurs études. Homme d'exécution avant tout, il vit ses travaux couronnés par le succès et le nom de l'habile agronome avait acquis une juste célébrité. M. de Montvalon fut encore un littérateur instruit et élégant, un académicien laborieux, toujours prêt à apporter le tribut de ses lumières dans la solution des questions qui s'élevaient au milieu de nous. Tels sont les titres de M. de Montvalon à l'estime publique. Chargé de les retracer dans cette solennité littéraire, j'aurais voulu, pour justifier votre choix, pouvoir rendre à la mémoire de notre honorable confrère, tous les hommages qui lui sont dûs. Je vais essayer du moins d'apprécier ses œuvres avec cette sincérité qui seule peut donner quelque valeur aux éloges.

Louis-Honoré-Joseph-Hypolite-Hilarion-Casimir de Barrigue comte de Montvalon, naquit à Aix le 23 octobre 1774 de Joseph-André de Barrigue de Montvalon, capitaine dans le régiment d'infanterie du roi et de dame Louise-Pauline de Vento des Pennes. Sa famille originaire de la ville de Marseille avait bien mérité du pays par ses vertus et par des services signalés. André de Montvalon, bisaïeul de notre académicien, fut un des plus illustres magistrats de son siècle. Profondément versé dans la connaissance des lois, il aidait de ses conseils les chanceliers d'Aguesseau et de Lamoignon, et son

Précis des ordonnances imprimé par ordre du parlement sera toujours consulté avec fruit. Honoré de Montvalon, son fils, non moins grand magistrat, devenait le doyen de la compagnie et obtenait une pension du souverain, en récompense de ses services. Quant au père de M. le comte de Montvalon, il avait voulu servir la patrie dans une carrière non moins honorable que la magistrature, celle des armes. Il s'occupait en même temps d'expériences agricoles, et il avait écrit sur l'art de greffer un mémoire resté manuscrit. Destiné pareillement à la carrière militaire, le jeune de Montvalon fut entouré de maîtres habiles qui l'initièrent à tous les genres de connaissances et préparèrent ainsi les éléments de cette solide instruction dont leur élève devait plus tard donner tant de preuves.

En 1788, il était nommé enseigne dans les gardes françaises. Mais déjà les sombres orages qui devaient bouleverser la France entière obscurcissaient l'horison politique : la tourmente révolutionnaire tout en détruisant l'avenir du jeune militaire, allait d'abord disposer son âme à des épreuves aussi cruelles qu'inattendues.

Dès le 16 juillet 1789, les princes du sang et les principaux personnages de la Cour avaient déserté la France pour protester sur la terre étrangère contre les nouvelles théories qui allaient envahir toutes les classes de la société. Bientôt leur conduite compta de nombreux imitateurs. L'émigration, cette noble inconséquence des cœurs généreux, suivant la pensée d'une femme d'esprit (1), l'émigration enlevait chaque jour à la patrie, l'élite de la population, ceux-là même qui devaient en être les plus fermes soutiens.

Sans prétendre juger ici ce grand épisode de nos troubles, je me hâte de dire que la famille de Montvalon se décida à grossir le nombre des émigrants, et qu'elle demeura invariable dans la règle de fidélité qu'une opinion consciencieuse lui faisait un devoir de suivre.

Le jeune émigré alla d'abord avec son père joindre l'armée réunie à Stavelo, en Belgique, sous le commandement du duc de Bourbon. Ensuite il se rendit à Turin où se trouvait le comte d'Artois à la tête d'un corps d'émigrés, et il demeura attaché pendant quelque temps à la fortune de ce prince. Cependant le triomphe de la république française paraissait définitivement assuré. Nos compatriotes fugitifs, forcés de changer fréquemment de résidence, étaient réduits pour la plupart à un état voisin de l'indigence. Alors on vit des hommes portant un nom célèbre se livrer à des travaux manuels, préférant ainsi une pauvreté honorable à l'aisance et aux richesses qu'ils auraient pu se procurer par

---

(1) Mme de Staël, dans ses *Considérations sur la Révolution française.*

l'oubli d'un sentiment qui chez eux avait toute la force du devoir.

La famille de Montvalon partagea la destinée commune. Elle se réfugia dans le Valais et choisit pour demeure la ville de Sion.

Là, dénué de toutes ressources, le jeune de Montvalon put apprécier l'importance et la nécessité de l'éducation qu'il avait reçue. Le sentiment intérieur de la conscience ne suffit pas toujours à l'infortuné qui vit loin de son pays, pour adoucir les ennuis de la solitude et de l'exil. Quel remède plus puissant aux maladies de l'âme que l'étude et la culture des belles-lettres ?

M. de Montvalon se livra donc avec ardeur à ses goûts favoris. Il relisait les chefs-d'œuvre immortels de l'antiquité, et les monuments non moins impérissables de la littérature moderne, surtout de la langue italienne. Familier avec les beautés de cet idiome, il traduisait en français les morceaux qui l'impressionnaient vivement. Il se plaisait encore à étudier le caractère et les mœurs des habitants du Valais, à contempler cette variété d'objets qu'offre à la curiosité de l'observateur, ce pays alors peu connu ; ici d'arides sommets couverts de neiges éternelles et où croissent avec peine quelques rares plantes ; un peu plus loin, tout le luxe de la végétation. Deux fois il visita l'hospice du Saint-Bernard, cet asile d'une charité aussi intelligente dans ses œuvres qu'elle est inépuisable dans ses ressources.

Au milieu de ces utiles délassements, M. de Montvalon avait gagné la confiance du grand bailli qui le choisit pour son secrétaire; il conserva cette fonction jusqu'en 1799, époque où il se transporta à Venise avec sa famille.

Dans cette opulente cité qui bientôt devait disparaître sous le poids de sa propre grandeur, se trouvait alors un homme qui a rempli un rôle politique très important, un prélat promu par ses talents et par les circonstances à de hautes dignités dont malheureusement il ne put pas soutenir l'éclat. L'abbé Maury avait pris la fuite, après la dispersion du sacré collège en 1798. Il erra pendant quelques mois, choisit ensuite Venise pour sa résidence et participa au conclave ouvert en cette ville au mois de décembre 1799.

M. de Montvalon fut assez heureux pour nouer des relations avec ce prélat, qui, comprenant de quelle utilité pourraient être pour lui les connaissances de son compatriote, se l'attacha, en qualité de collaborateur intime. Il l'initia même à diverses entreprises littéraires en harmonie parfaite avec ses goûts, et cette communauté d'études et de travaux se maintint pendant tout le temps que l'abbé Maury séjourna à Venise.

Cependant un de ces hommes extraordinaires qui ne se montrent aux peuples qu'à de rares intervalles, s'était emparé, en France, du pouvoir. Entraîné par l'instinct monarchique et comprenant que la sécurité pour tous les Français était un besoin non moins impérieux que l'indépendance nationale, Napoléon ne cachait plus ses intentions bienveillantes envers les émigrés. Bientôt le décret du 6 floréal an x, proclama une amnistie pour tous les prévenus non encore rayés définitivement des listes.

M. de Montvalon profita du bénéfice des circonstances et se disposa à revoir sa patrie. Le 28 octobre 1803, il eut le bonheur de saluer le sol natal, après une absence de 14 années.

Ici, va s'ouvrir pour lui une nouvelle carrière : à une vie errante et orageuse, à une existence précaire succèderont la tranquillité et le repos.

Toutefois M. de Montvalon avait encore des difficultés à surmonter. Doué d'une grande énergie de caractère, il en triompha sans beaucoup de peine.

Sa famille possédait, depuis longues années, une vaste et belle propriété de terre, dans la commune de Vitrolles. Pendant l'époque de l'émigration et à la suite d'arrangements particuliers, ce domaine était passé entre les mains des deux tantes paternelles de M. de Montvalon, pieuses et saintes personnes, consacrées au culte du Seigneur, uniquement occupées du soin de le servir.

La terre de Montvalon put ainsi échapper à la vente et à la spoliation. Quand le légitime propriétaire revint en France, il trouva le domaine dans un état complet de délabrement. Le désastreux hiver de 1789 avait exercé son influence mortelle sur les plantations. La hache des malfaiteurs, la dent meurtrière des bestiaux, le manque presque total de culture pendant plusieurs années avaient anéanti tout produit. A peine quelques arbres chétifs montraient çà et là le triste spectacle de la décrépitude et de l'abandon.

Étranger à toute idée ambitieuse et peu jaloux de suivre l'exemple de ceux qui aiment avant tout à courir la carrière des places et des honneurs. M. de Montvalon résolut alors de se vouer exclusivement à la pratique de l'art agricole et de recomposer une nouvelle fortune sur les débris de l'ancienne. Nul n'était plus propre que lui à obtenir ce résultat. A une volonté ferme, à un travail opiniâtre, il joignait un vif désir d'acquérir toutes les connaissances qui se rattachent à l'agriculture, un soin assidu à se tenir au courant des découvertes que les sciences, la chimie surtout, enfantent chaque jour.

Bientôt, par l'intelligente activité de M. de Montvalon, par sa présence presque continuelle sur les lieux, la fertilité et l'abondance purent enrichir un sol qu'avait trop longtemps affligé une désolante stérilité. Une immense quantité de terres gastes achetée de l'hoirie de Marignane, vint de plus agrandir le domaine et augmenter pour l'avenir ses éléments de produit.

Dans ses travaux d'amélioration, M. de Montvalon s'était attaché d'une manière particulière au reboisement des collines de sa propriété, objet d'une si haute importance en économie agricole, et qui n'a cessé d'occuper nos divers gouvernements avant et depuis l'ordonnance de 1669, longuement élaborée par les soins de Colbert. Naguère le congrès agricole réuni à Paris formait dans l'intérêt du reboisement les vœux les plus pressants, et l'administration, après un sérieux examen, a donné la promesse d'un concours actif et immédiat. Déjà MM. les ministres de l'agriculture et des finances, frappés de la situation des classes pauvres de nos campagnes, ont demandé un crédit aux chambres législatives pour opérer des plantations partielles sur les nombreux hectares de terres incultes, landes et bruyères qui couvrent encore le sol du pays.

Le pin d'Alep avait paru à M. de Montvalon l'arbre le plus convenable pour hâter ce reboisement auquel il attachait tant d'importance. Ce pin est en effet l'arbre indigène de nos contrées et surtout de la partie des versants qui s'inclinent vers la Méditerranée. Toutes les expositions, toutes les natures de terrain lui sont également favorables. Un peu de terre dans la fente des rochers assure son existence.

Pendant une période de plus de 30 années, M. de Montvalon a vu couronner ses expériences par la plus heureuse réussite, et de vastes forêts ont couvert des collines dont l'aridité attristait les regards. Devenu riche propriétaire, il a pu répandre l'aisance dans la population qui l'entourait, et tout en acquérant des droits à la reconnaissance publique, il a prouvé ce que peuvent l'ordre et l'intelligence unis à un labeur patient et à une volonté bien arrêtée.

M. de Montvalon se plaisait toujours à chercher dans la culture des lettres une agréable distraction.

Parmi les sociétés savantes dont les portes lui furent ouvertes, l'Académie de Vaucluse s'était empressée de l'admettre au nombre de ses membres correspondants. Il prononça lors de son installation un discours sur l'excellence de la littérature, dans lequel il fit ressortir toute son influence sur les mœurs des peuples, tout son pouvoir sur les hommes considérés isolément. J'ai été passionné pour les belles-lettres, disait-il, dès mon adolescence; elles sont la consolation de l'homme dans l'infortune, le soutien de sa gloire dans la prospérité, l'ornement de sa vie, dans quelque position qu'il se trouve.

Lorsqu'en 1808, l'ancienne société d'agriculture d'Aix reçut une nouvelle organisation, sous le titre de Société des amis des sciences, des lettres, de l'agriculture et des arts, M. de Montvalon fut accueilli dans la docte compagnie avec tout l'empressement qu'il méritait d'obtenir. Pendant toute sa longue carrière, tour à tour agronome et littérateur, il a payé sa dette académique par des travaux aussi nombreux que variés.

Agriculteur, notre honorable confrère avait rédigé trois mémoires importants dont le premier en suivant l'ordre des temps est entièrement inédit. Ce travail dont il fut chargé par le vœu unanime de l'Académie avait pour objet essentiel d'examiner le moyen le plus sûr de préserver nos oliviers des atteintes du ciron ou taragnon, insecte qui attaquant l'arbre dans toute sa vigueur, dessèche les rameaux, fait périr ses branches, dévore avec encore plus d'avidité les nouveaux jets remplaçant ceux qu'on a extirpés, oblige enfin de couper au pied cet arbre que la taille trop sévère a déjà affaibli et qu'une expansion forcée de la sève anéantit tout-à-fait.

L'habile entomologiste nous fait connaître, dans ce mémoire, les habitudes, les métamorphoses du taragnon, les causes qui tendent à en augmenter la multiplication. Il y signale les erreurs et les omissions de ceux qui avaient déjà écrit sur l'olivier, tels que Vettori et Battara chez les italiens, Charles Étienne, Sieure, de la Brousse, et l'abbé Couture chez les français. Point d'autre remède, dit-il, que celui d'extraire jusqu'au vif les branches attaquées par l'insecte et de les bruler sans délai; mais pour en assurer encore mieux les effets, des règlements municipaux devraient enjoindre aux propriétaires la destruction du taragnon, comme ils leur prescrivent de faire écheniller leurs arbres.

Dans le second mémoire concernant la reproduction et l'éducation du pin d'Alep, M. de Montvalon établissait en théorie le résultat d'une longue expérience. Rien de plus simple que le procédé qu'il indique pour la reproduction de ces pins. On abat un certain nombre des plus vieux et on les scie un peu au-dessous de l'enfourchure des branches. Cette partie supérieure de l'arbre est placée sur les endroits les plus élevés des terrains que l'on veut ensemencer. Bientôt l'ardeur du soleil fait ouvrir les cônes et la semence emportée par les vents va naturellement se déposer dans de petits creux que l'on a pratiqués, et là elle ne tarde point à germer et à se développer.

En écrivant son mémoire sur l'*ilex*, connu sous le nom d'*avaux* ou *chêne kermès*, M. de Montvalon avait pour but de résoudre diverses questions qui lui avaient été proposées par l'administration supérieure des forêts. Elles concernaient entr'autres les produits qu'on peut retirer de cet arbuste et son importance forestière pour retenir les terrains.

Joignons à l'indication de ces travaux importants:

La communication d'un mémoire sur la culture et le mode de conservation de la pomme-de-terre, ce tubercule qui naguère fixait d'une manière spéciale l'attention de nos agronomes. — L'exposé d'une expérience faite en matière d'engrais sur les cendres d'une plante marine brulée d'après un procédé particulier. Ces cendres conservaient au terrain dans lequel on les avait enfouies de la fraicheur en été, et le rendaient moins sensible à l'action du froid. Répandues au pied de plusieurs oliviers, elles avaient entièrement neutralisé sous leur couche l'action de la gélée. Au surplus l'engrais de mer que l'on recueille dans les étangs de Berre et de Marignane et sur leurs bords, avait longtemps été considéré comme nuisible à la végétation. Seulement en 1800, quelques essais eurent lieu avec une assez grande méfiance, et bientôt, grâce aux résultats satisfaisants que l'on obtint, ce genre d'engrais fut adopté communément et pour toutes les cultures. L'expérience de M. de Montvalon devrait donc être considérée comme une nouvelle propriété se rattachant à l'emploi des plantes marines, moyenant certaines conditions.

M. de Montvalon s'occupait encore avec beaucoup d'activité du soin d'acclimater et de propager les céréales étrangères. Plus d'une fois il nous entretint de ses expériences sur le blé de Thibet, sur celui de la terre de Hus et sur le seigle d'Islande dont la production vraiment extraordinaire est une véritable conquête pour l'agriculture. Enfin les nombreux rapports de notre académicien sur les matières agricoles attestaient à la fois et l'étendue de ses connaissances et la confiance dont il était l'objet de la part de ses collègues. Vous vous rappelez tous, Messieurs, ce travail remarquable concernant le projet de loi des irrigations, et dont vous vôtates l'envoi à M. le Ministre de l'agriculture, et cet autre rapport sur les graines oléagineuses, dans lequel il faisait si bien ressortir leur influence désastreuse sur la production des huiles d'olives.

Les belles-lettres avaient charmé les premières années de M. de Montvalon. Il ne cessa pendant toute sa vie de leur rendre un culte assidu.

Parfaitement versé, comme nous l'avons dit, dans la littérature italienne, il s'était appliqué surtout à étudier deux écrivains remarquables de cette nation, Machiavel et l'abbé Denina.

Le premier fut son auteur de prédilection. Parmi les nombreux écrits de génie profond que l'on a tant calomnié sans doute parce qu'on n'a pas toujours su le comprendre, M. de Monvalon s'était spécialement attaché au discours sur Tite-Live et à l'histoire de Florence. Après un exposé préliminaire, l'habile littérateur traduisit heureusement dans notre langue ces deux chefs-d'œuvre du secrétaire florentin. Un tel travail offrait des difficultés de plus d'un genre. En interprétant le premier de ces écrits, il s'agissait d'embrasser dans tous ses détails cette philosophie profonde que déploie Machiavel à l'occasion de son historien. Il fallait suivre avec une attention soutenue les divers points de comparaison qu'il établit si judicieusement entre l'histoire du peuple romain et les faits analogues se déroulant dans les annales des autres peuples anciens ou modernes. M. de Montvalon eut assez de talent pour sortir victorieux de ces difficultés. Il lutta aussi heureusement avec son modèle dans sa traduction de l'histoire de Florence, étonnante conception, où le génie de Machiavel renfermant dans un cadre resserré un immense tableau, montre à chaque ligne, le grand homme d'état, le politique consommé, l'historien dont l'élégance égale l'exactitude et la concision.

Sous le titre de décennales, Machiavel avait déploré dans le langage des dieux, les malheurs qu'un astre fatal fit éprouver à l'Italie pendant le cours de deux lustres. M. de Montvalon traduisit encore en prose poétique cette brillante composition.

Parmi les écrivains récents de l'Italie, l'abbé Denina, à la fois théologien, philosophe et historien, occupera toujours un rang distingué par son histoire des révolutions d'Allemagne. Dès 1782, le professeur de Turin traçait le plan de cet ouvrage qu'il écrivait à Berlin quelques années après, et auquel il mettait la dernière main à Paris, au commencement de ce siècle.

Tout fait présumer que M. de Montvalon, pendant son séjour à Turin a pu connaître Denina et apprécier son mérite. Quoi qu'il en soit, les nombreux fragments qu'il avait lus, dans nos réunions particulières, de sa traduction des révolutions d'Allemagne, annonçaient que l'auteur italien avait trouvé un heureux interprête de la clarté, de la méthode et de l'élégance de sa narration. Aussi devons-nous regretter que notre confrère ne se soit jamais déterminé à compléter et à publier une œuvre à laquelle on a déjà reconnu, avant nous, toute la facilité, toute la chaleur d'une composition originale.

Signalons brièvement quelques autres productions de M. de Monvalon.

En 1824, il traduisait de l'italien *les Romains dans la Grèce*, ouvrage où se trouvait retracée, sous le voile de l'allégorie, la conduite du gouvernement français, celle surtout du conquérant de l'Italie, à l'époque de la chute de Venise. Dans le courant de la même année, il consacrait à la vénération publique, dans un éloge historique, les vertus et les talents de M. l'abbé Roman, chanoine de l'église métropolitaine d'Aix, un des membres les plus distingués de notre société, et que la mort avait enlevé le 7 juin 1823.

Portant son attention sur tout ce qui concernait le pays, il signalait, en 1826, la découverte de divers objets d'antiquités dans le domaine de Montvalon, celle notamment de deux tombeaux dont les corps étaient probablement ceux de guerriers Sarrasins tués dans quelque combat livré près de ces lieux.

Appelé à peu près vers la même époque dans le Dauphiné par des affaires de famille, M. de Montvalon y écrivit la relation d'une excursion à la Grande

Chartreuse, et communiqua plus tard à ses confrères ce récit empreint des sombres couleurs avec lesquelles se produit à l'imagination le célèbre monastère de St Bruno.

Nous avons vu M. de Montvalon habitant le Valais à l'époque de l'émigration. Il avait réuni dans une notice inédite, ayant pour titre : *Voyage dans le Valais*, le résultat de ses observations sur cette contrée intéressante. La description de l'Hospice que Bernard de Menthon érigeait vers la fin du dixième siècle, sur les ruines d'un temple des fausses divinités, cette description du St Bernard nous avait vivement attachés par des détails curieux sur la vie, les mœurs et les usages de ses pieux habitants.

M. de Montvalon avait présidé cette Académie avec distinction, à deux époques différentes.

Lors de sa première présidence, en 1824, il signalait dans son discours d'ouverture de la séance publique, l'influence des sociétés académiques sur les lettres et les arts, ces génies bienfaisants qui propagent les lumières, qui conservent encore la pureté du langage, la sécurité des règles et la perfection du goût.

En 1828, époque de sa seconde présidence, M. de Montvalon avait écrit un discours dans lequel il se livrait à diverses considérations sociales et politiques. Développant cet axiome du poète latin :

Quid leges sine moribus vanæ proficiunt (1), il voulait prouver surtout que les lois les plus sages sont impuissantes quand elles sont en opposition avec les mœurs des peuples auxquels on tenterait de les imposer ; d'où cette conséquence qu'un rapport indispensable doit s'établir entre les mœurs et les lois de toutes les nations. Quelque mesurée que fût cette dissertation, l'honorable président craignit néanmoins qu'elle ne froissât l'opinion de quelques-uns de ses auditeurs, tant il est vrai qu'il faut souvent bien peu de chose pour exciter les passions. Il s'empressa de la retirer après l'épreuve préliminaire de la lecture en séance particulière. A ce discours en fut substitué un autre sur les avantages et les douceurs de la vie solitaire que l'on mène au milieu des champs, et sur l'utilité que l'état peut retirer du séjour loin des villes d'une partie des grands propriétaires.

En 1830, la charge de secrétaire perpétuel était devenue vacante. Les vœux unanimes de ses confrères y appelèrent M. de Montvalon.

Successeur du vénérable docteur Gibelin et de cet autre honorable membre que nous sommes heureux de compter encore dans nos rangs (2), le nouvel élu ne tarda pas à prouver combien il était digne de remplir les fonctions dont la confiance de ses collègues l'avait investi. Représentant de l'Académie

(1) Horatius, Od., lib. III.

(2) M. Isidore de Montmeyan

pendant l'espace de 15 années, il n'a cessé, autant que les circonstances le lui ont permis, d'être le gardien vigilant de nos droits et de nos attributions.

Nous aimerons toujours à nous rappeler cet aperçu de chaque année dans lequel notre honorable secrétaire perpétuel rendait compte de nos travaux. Avant de distribuer à chacun de nous une part d'éloges que sa bienveillance se plaisait peut-être un peu à agrandir, M. de Montvalon franchissant en quelque sorte l'enceinte de nos séances, portait au dehors un coup d'œil observateur, et tempérait la sécheresse inhérente à l'œuvre dont il était chargé par d'heureuses excursions dans le monde littéraire et industriel.

Ainsi il signalait à l'attention publique les nouvelles cultures introduites sur le sol du pays, l'invention de nouveaux instruments aratoires ou leur perfectionnement, les progrès des lettres et des arts en général, l'heureuse application des sciences à ces nombreuses fabriques dont l'industrie enrichit la France chaque jour. Ensuite il appelait l'attention des grands propriétaires et de l'État lui-même sur la reproduction et la conservation des bois. Il présentait sous l'aspect le plus sombre leur destruction toujours croissante sur le littoral de la mer, les penchants des côteaux mis à nu et sillonnés par les pluies, la terre végétale emportée et avec elle disparaissant tout espoir de reproduction. J'imiterai, s'écriait-il, la constance d'un illustre romain : la destruction de Carthage n'était pas plus nécessaire au salut de Rome que la conservation des bois ne l'est à notre belle patrie.

Au milieu de tous ces travaux, l'honorable académicien trouvait encore le temps de tenir les rênes de l'administration dans la commune où le domaine de Montvalon est situé. Maire de Vitrolles sous la restauration pendant plusieurs années, il avait prouvé par son esprit d'ordre et son intelligence des affaires, tout le bien qu'il aurait pu opérer sur un plus grand théâtre, si les circonstances ou ses goûts l'y avaient conduit. Enfin il conserva jusqu'aux derniers instants de sa vie, la qualité de membre de la commission administrative de notre musée et de l'école de dessin.

Cependant la santé de M. de Montvalon s'était constamment soutenue grâce à sa forte constitution. Mais vers la fin de 1843 diverses causes parurent l'altérer sensiblement. Si notre collègue cessa dès-lors de se montrer assidu à nos séances, il saisissait toujours avec empressement les moments de repos que lui laissaient ses souffrances, pour venir participer encore à nos travaux.

C'est dans cette période d'une vie si active qu'il faut placer la communication faite dans nos séances hebdomadaires d'un long mémoire sur la situation actuelle de l'agriculture de notre département, les causes de sa décadence et les moyens d'y remédier. C'était là en quelque sorte le résultat de sa longue expérience dans un art dont toutes les ramifications lui étaient familières. La gravité de ces lectures était adoucie par le récit de quelques anecdoctes concernant les mœurs des montagnards de l'Helvétie, souvenir touchant de la jeunesse de M. de Montvalon.

Les progrès du mal lui interdirent bientôt toute participation à nos œuvres. Le peu de force qui lui restait, il le réserva pour la séance publique du 21 juin dernier où, défiant pour ainsi dire les graves atteintes de la maladie, il rendit compte de nos travaux de l'année avec le talent qui lui était propre. Toutefois M. de Montvalon ne se faisait aucune illusion sur son état. C'est avec une émotion vivement ressentie, nous disait-il, que je viens encore aujourd'hui faire entendre ma faible voix dans cette enceinte.

Cette œuvre fut la dernière de notre secrétaire-perpétuel. Vers le milieu de l'automne, une affection au péricarde dont il était atteint depuis quelque temps prit un caractère si grave que tout espoir de prolonger des jours précieux dut cesser. M. le comte de Montvalon est mort le 15 novembre 1845, dans le château de ses aïeuls, entouré de toute sa famille et soutenu par les secours de la religion qu'il s'empressa de réclamer. Il fut inhumé hors d'Aix et ses collègues ne purent déposer sur sa tombe l'expression de leurs regrets.

Avec lui disparut un de ces hommes que la providence a doués d'une heureuse organisation, et qui ne sont étrangers à aucune des connaissances qu'embrasse l'esprit humain. M. de Montvalon savait discourir sur tous les sujets. Il connaissait à fond le grand art de revêtir le rôle convenable à chaque position, à chaque circonstance de la vie. Dans son domaine c'était l'agronome pratique aimant à guider de ses conseils les simples cultivateurs de sa Commune ou de celles environnantes, à terminer même leurs différends par une sage conciliation. Dans les cercles de la ville d'Aix c'était l'homme aux manières polies, charmant tous ceux qui l'entouraient par son instruction variée et sa rare facilité d'élocution. Mais son principal titre à notre reconnaissance c'est d'avoir donné en même temps le précepte et l'exemple dans ses opérations agricoles, notamment en ce qui concerne le reboisement des collines. Pourquoi sous aucun de nos gouvernements une récompense nationale n'est-elle jamais venue couronner ces services réels? L'habile agronome aurait-il été plus jaloux de mériter les honneurs que soigneux de les obtenir ? Quoi qu'il en soit la mort de M. de Montvalon a privé sa patrie et sa ville natale d'un bon citoyen, et notre Académie d'un de ses membres les plus utiles et les plus laborieux.

www.ingramcontent.com/pod-product-compliance
Ingram Content Group UK Ltd.
Pitfield, Milton Keynes, MK11 3LW, UK
UKHW020233180726
13838UKWH00005B/2370